VALIENTE

Ser una persona valiente es tomar acción aunque sientas miedo.

Una vez en la piscina, mi amiga me pidió que saltara del trampolín más alto. Yo sabía nadar pero nunca había brincado de esa altura. Me paré allí en el trampolín y miré abajo. Entre más miraba a lo profundo más miedo me entraba. Por fin decidí que el miedo no era real y que nada iba a pasar. Brinqué del trampolín y me divertí mucho ese día.

EMPÁTICA

Un día encontré a mi madre llorando en la cocina. Yo sabía que ella estaba triste porque su amiga estaba muy enferma. Yo la abracé y lloré con ella porque sentí su dolor en el corazón.

Ser una persona empática es tener la habilidad de sentir lo que otra persona siente.

BONDADOSA

Ser una persona bondadosa es tener la habilidad de soltar el rencor y el dolor. Es tener la mente y el corazón libre de algo que causó pena o dolor.

Mis padres me habían prometido llevarme al cine el día de mis cumpleaños. Estaba muy emocionada porque era una película con mi héroe favorito. Mis padres llamaron del camino a casa del trabajo para decir que había demasiado tráfico y que no íbamos a poder ir al cine. Primero me dio rabia. Después lo pensé. Yo sabía que ellos no querían que me molestara. Ellos me querían llevar pero no pudieron. Yo solté mis sentimientos de dolor y rabia y me sentí mejor.

AMABLE

Ser una persona amable es ser cariñosa y agradable con las demás personas. Es existir sin hacer daño a los demás y demostrar cariño y respeto.

Fue un día maravilloso. El tiempo estaba perfecto, no hacía ni calor ni frío. Mi madre me llevó al parque. Había niños por todo lado haciendo fila para deslizar por el resbaladero. Conocí dos niños y una niña. Empezamos con una sonrisa y empezamos a hablar y reír.

GENEROSA

Era la hora del almuerzo en la escuela y tenía mucha hambre. Estaba muy emocionada por descubrir lo que mi madre me había empacado en mi lonchera. Mientras sacaba mi comida me di cuenta que mi amigo no tenía comida. Abrí dos servilletas y dividí mi almuerzo en la mitad. Le pasé la otra mitad a mi amigo.

Ser una persona generosa es compartir y proveer sin esperar algo a cambio.

SIMPÁTICA

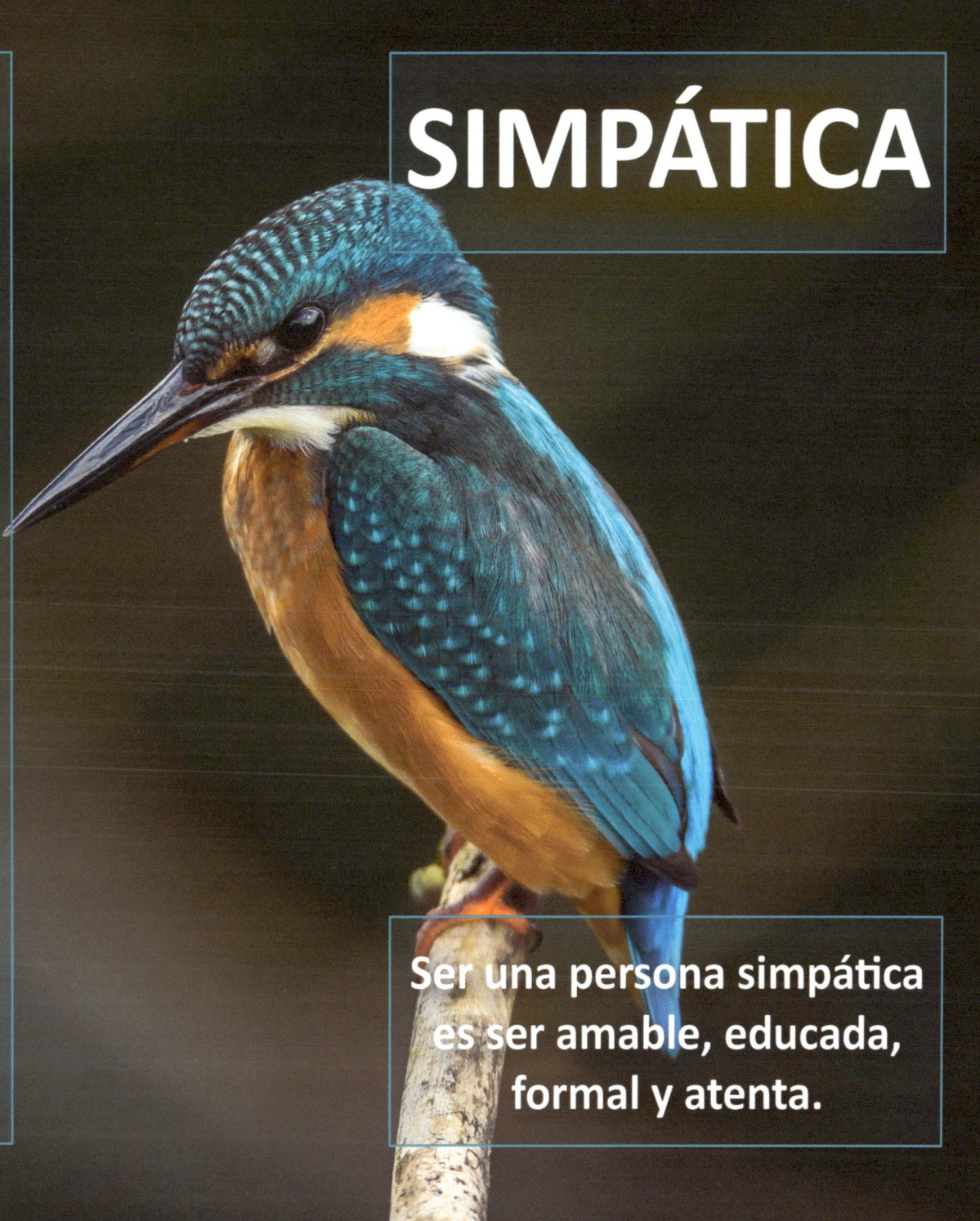

Un dia fui a la tienda con mi padre. Había muchas personas en la tienda y estábamos buscando un lugar para estacionar el carro por mucho tiempo. Vimos un lugar cerca a la entrada pero antes de voltear al espacio, mi padre vio un anciano que también buscaba un espacio para estacionar el carro. Mi padre le señaló con la mano y le ofreció su espacio. El anciano sonrió porque por fin podía entrar a la tienda y porque no tenía que caminar mucho.

Ser una persona simpática es ser amable, educada, formal y atenta.

AGRADECIDA

Ser una persona agradecida es apreciar los regalos de la vida; la gente, los lugares y todas las cosas.
Es aceptar la realidad y sentir felicidad en tu corazón. Es sentir agradecimiento por lo hecho o recibido.

En el invierno hay nieve que cubre todo en su manto blanco. En el otoño hay hojas de todo color en el cielo y por todo lado. En la primavera los árboles retoñan y vuelven a nacer y el sol brilla en mi cara. En el verano las flores llenan el aire con su dulce olor y los fuegos artificiales suenan en la tarde. Cada día puedo respirar. Cada día puedo aprender. Cada momento es un regalo. Con cada risa mi corazón se vuelve más fuerte. Los pájaros y sus canciones me levantan el ánimo.
En cada momento de mi vida soy bendecida.

HONRADA

Mis dos hermanas jugaban con unos bloques. Ellas construyeron un pueblo muy grande con edificios, tiendas, casas y una biblioteca. Cuando terminaron, nos fueron a buscar para que nuestra familia vieran el pueblo de bloques. Yo salí corriendo porque quería ser la primera en verlo. Me atropellé con algo y me caí al piso. Tumbé tres de los edificios. Cuando llegaron todos, les conté lo que sucedió y pedí disculpas.

Ser una persona honrada es ser alguien que habla con sinceridad y sin decepción.

ATENTA

Un dia que estaba jugando con mi amigo en frente de mi casa, vi a mi vecina llegar del supermercado. Ella tenía las manos llenas de bolsas de comida. Una de las bolsas se rompió y cajas y canecas fueron rodando por el piso. Paré de jugar con mi amigo y fui donde ella para ayudarle a recoger las compras. Mi vecina me lo agradeció mucho.

Ser una persona atenta es demostrar aprecio a los demás y ayudarles cuando tienes la oportunidad.

AMOROSA

Entre a un arco iris, un jardín lleno de flores florecidas, abejas zumbando y gente hablando. Había niños jugando y hablando con sus padres, amigos hablando y riendo, había familias abrazadas. El amor nos rodeaba y sentía su calor en mi corazón.

Ser una persona amorosa es sentir y demostrar gran amor y cariño.

PACIENTE

La espera me pareció una eternidad. Por fin llegó el día en que mi hermanito llegó a casa. Estaba muy emocionada. Desafortunadamente él lloraba cada noche y toda la noche.
A veces me despertaban sus gritos. Era muy incomodo despertar en la noche pero no me importaba. Yo amo a mi hermanito y sabía que él iba a crecer muy rápido. Sabía que solo se tomaría un tiempo.

Ser una persona paciente es mantener la calma y la paz aunque algo malo pase. Es poder esperar sin perder la calma aunque las cosas se demoren más de lo que pensabas.

TRANQUILA

Ser una persona tranquila es ser una persona que mantiene la calma sin alterarse y sin violencia.

Era una noche templada y pasaba una briza cálida en el aire. Me sentía segura en mis columpios mientras subía muy, muy alto. Veía la luz del cielo cambiar de color a medida que bajaba el sol. En la distancia se escuchaba un arrullo de paloma, wuu-wuu, wuu-ji mientras se preparaba para acostarse así como muy pronto me iba a preparar para dormir también.

PRESENTE

Esta mañana cuando desperté, estaba consciente de todos mis sentidos. Yo aprecié mis sentimientos, las vistas, los olores, los sonidos y los sabores que me rodeaban. Yo estaba consciente de mi cuerpo y mi mente en cada momento.

Ser una persona que está presente es estar aquí, ahora en todos los sentidos. Es considerar lo que ocurre y sientes en el momento.

SOLIDARIA

Ser una persona solidaria es estar atenta. Es proveer cuidado, información o aliento a los demás.

En la madrugada escuche a mi perrito llorar en su aula. Me estaba tratando de comunicar que necesitaba salir afuera. Me levanté de mi cama y dejé su calor para sacar a mi perrito afuera. Salimos afuera para que él pudiera hacer sus necesidades. Él sintió alivio y yo me sentí contenta de haberlo ayudado.

TOLERANTE

Ser una persona tolerante es ser justa y amable con todas personas sin importar las diferencias. Es tratar a todos bien aunque no estés de acuerdo con ellos.

Mi familia viajó a un país extranjero. Conocimos a gente diferente. Ellos se portaban diferente a la gente en mi pueblo. Todo era diferente, la comida, los olores y hasta las casas me parecían raras. No conocía sus costumbres ni sus creencias y sin embargo me sentía bien.

VULNERABLE

Ser una persona vulnerable es compartir sus pensamientos y sentimientos con los demás. Es expresar libremente lo que sientes y piensas.

Un día mi abuela y yo estábamos comiendo afuera en el patio. Fue un lindo dia y me acordé que la última vez que habíamos comido así fue cuando mi abuelo estaba vivo. Sentí mis lagrimas bajar por mi mejilla y le conté a mi abuela cuanto la quiero y lo feliz que estaba de tenerla en mi vida. También le conté que extraño a mi abuelo.

SABIA

Ser una persona sabia es tener el poder de tomar buenas decisiones. Saben lo que es bueno y verdadero. Saben como obtener información y ser conscientes.

Quería acampar e hice un escándalo horrible cuando mi madrastra dijo que no podíamos ir. Dijo que hacía demasiado frío y nos podíamos enfermar. Me sentí decepcionada pero acepté que hacía mucho frío y no era buen tiempo para acampar. Esa noche la temperatura bajó y cayó graniza. Por la mañana llovió. Estaba agradecida de estar en mi casa caliente y segura.

Es con amor profundo y gratitud sin límite
que comparto el mensaje de este libro.

Atribuyo su creación a la inteligencia infinita, simplemente soy
mensajera; la máquina que trae su luz al mundo.

No somos diferentes; todos venimos de la misma fuente.
Tenemos la oportunidad de ser buenos con nosotros mismos y con los demás.
Tenemos la oportunidad de vivir en armonía.

Cada persona importa porque venimos de un poder más alto, Dios.
No importa el nombre que usas, lo Divino vive dentro de todos nosotros.

A los más cercanos a mi corazón, gracias por su apoyo y amor
incondicional. Gracias por crear el espacio donde yo puedo ser quien soy,
verme y aceptarme completamente como soy.

Los amo y los honro,
~ Janine ~

LA APLICACIÓN DE ESTE LIBRO:

Lea esta libro a niños de 0 a 7 años.

Niños que pueden practicar "YO SOY" de 4 - 9.

Hablar y preguntar sobre cada tema de "YO SOY" 5 - 12 años.

PREGUNTAS PARA DISCUSIÓN:

1. ¿Este cuento cómo te hizo sentir?

2. ¿Alguna vez te has sentido así?

3. ¿Qué pensabas cuando sentiste esos sentimientos?

4. ¿Sabes qué es lo opuesto a ese sentimiento?

5. ¿Qué manera se siente mejor?

6. ¿Qué manera eliges?

7. ¿Cómo te sientes en este momento?

Gracias por compartir tus pensamientos y tus sentimientos conmigo.

Gracias por ser _____, _____, _____.

www.ingramcontent.com/pod-product-compliance
Lightning Source LLC
Chambersburg PA
CBHW041821080526

44589CB00005B/71